VIE
DE
SAINT WALFROY
ET
NOTICE SUR SAINT GÉRY

AVEC L'APPROBATION
DE SON ÉMINENCE LE CARDINAL GOUSSET,
ARCHEVÊQUE DE REIMS.

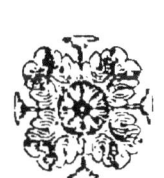

CHARLEVILLE
IMPRIMERIE DE A. POUILLARD, RUE NAPOLÉON, 22.

MDCCCLXV

VIE
DE SAINT WALFROY

Saint Walfroy, en latin *Wulfilaïcus*, quitta la Lombardie pour venir habiter les Gaules : il fonda un monastère sur une haute montagne située dans la partie méridionale du diocèse de Trèves, à deux lieues et demie d'Ivois, aujourd'hui Carignan, pour travailler à la conversion des idolâtres qui étaient encore nombreux dans ces parages. Il se fixa dans le pays de Trèves, de préférence à tout autre, probablement d'après les conseils de saint Irier, son maître, qui lui-même avait fait partie du clergé de Trèves, sous la discipline de saint Nicet, archevêque de cette ville ; et qui devait connaître aussi bien que personne les besoins de ce diocèse.

Saint Walfroy édifia sur cette montagne une colonne sur laquelle il habita longtemps, comme Siméon Stylite, dans la pratique des vertus les plus austères. Cette colonne, comme celle des autres stylites, haute de seize à dix-sept mètres, avait au bout une petite cellule d'osier longue et large d'un mètre, où il lui était impossible de se coucher : c'est pourquoi il était obligé de se tenir toujours debout, assis ou à genoux. On lui portait à manger par le moyen d'une échelle ; il n'en descendait que quand il y avait une grande nécessité.

Grégoire de Tours, accompagné de Félix, ambassadeur de Gontran, roi de Bourgogne, fit, en 585, un voyage à Coblentz, où Childebert, roi d'Austrasie, tenait sa cour, bien que Metz fût sa capitale. Il passa par Ivois ; il y rencontra le diacre Walfroy, qui le conduisit à son monastère de la montagne. C'est de la bouche même de ce saint qu'il apprit les circonstances de sa vie. Voici ce qu'en dit Grégoire de Tours :

« Lorsque nous arrivâmes près du château d'Ivois (1), nous y rencontrâmes le diacre Walfroy. Il nous conduisit à son monastère, où il avait bâti une grande église (2), enrichie des reliques de saint Martin ; il nous reçut avec beaucoup de bonté. Dans le séjour que nous y fîmes, nous le priâmes de nous raconter comment il s'était converti à Dieu, pourquoi il avait quitté son pays, lui qui était Lombard d'origine, et comment il était entré dans la cléricature ? Il hésita longtemps et s'en défendit le plus qu'il lui fut possible, parce qu'il craignait les mouvements de la vaine gloire ; mais je le conjurai avec tant d'instance de nous donner cette satis-

(1) Profectu igitur in itinere ad Epoissum castrum accessimus, ibique a Vulfilaïco, diacono nacti et ad monasterium deducti, benignissime suscepti sumus. (Gregor. Turon., p. 8, c. 15.)

(2) Avec les dons que lui fit Childebert, roi d'Austrasie, à la prière de saint Magneric, archevêque de Trèves.

faction, que regardant ma prière comme un ordre, il nous parla de la sorte :

« Etant encore enfant, à la seule pro-
» nonciation du nom de saint Martin,
» sans savoir s'il était martyr ou con-
» fesseur, ni ce qu'il avait fait dans le
» monde, ni où reposait son corps, je
» célébrais des veilles en son honneur,
» et si j'avais quelque argent, j'en fai-
» sais des aumônes. Dans un âge plus
» avancé, je me mis sous la conduite de
» saint Irier, qui m'instruisit de ce que
» je devais croire et pratiquer (1). Un
» jour qu'il me mena à l'église de Saint-
» Martin, il prit un peu de poussière du
» tombeau, l'enferma dans un reli-
» quaire et le pendit à mon cou. Lorsque
» nous fûmes de retour à son monas-
» tère, il voulut placer le reliquaire
» dans son oratoire, mais il trouva que
» la poussière était tellement augmen-

---

(1) Saint Irier, disciple de saint Nicet, archevêque de Trèves et fils de sainte Pélagie, fut mis en possession d'une fortune considérable que lui laissa la mort de sa mère, et qui le mit à même de fonder un monastère célèbre près Limoges, sa patrie, où saint Walfroy vint se mettre sous sa discipline.

» tée, que non-seulement elle en rem-
» plissait la capacité, mais qu'elle dé-
» bordait jusque dans les jointures.
  » Ce miracle fit beaucoup d'impres-
» sion sur mon esprit et me détermina
» à me consacrer au service de ce saint.
» Je quittai alors le Limousin pour me
» rendre dans le pays de Trèves. Je bâ-
» tis sur cette montagne ma demeure
» et l'église que vous voyez. J'y trouvai
» néanmoins une idole de Diane (1) que
» le peuple adorait, et j'élevai auprès
» de cette idole la colonne sur laquelle
» je demeurai debout et nu-pieds, souf-
» frant de grandes douleurs. Pendant
» l'hiver, j'étais saisi d'un tel froid que
» les ongles de mes pieds se fendaient
» et tombaient d'eux-mêmes, outre que
» l'eau qui coulait sur ma barbe s'y ge-
» lait par la rigueur de la saison et en
» pendait comme des chandelles. »
  Surpris de ce genre de vie, continue
Grégoire de Tours, nous lui deman-

(1) Le culte de cette grande idole était, dès le temps de l'empereur Domitien, très-célèbre dans ces vastes forêts, sous le nom de Diane ardennaise, qu'on appelait aussi la Diane d'Yvois.

dâmes quelles étaient sa nourriture et sa boisson sur cette colonne, et comment il avait renversé l'idole de Diane.

« Ma nourriture, dit-il, était un peu
» de pain avec des légumes, et ma bois-
» son de l'eau. Cependant j'éprouvais
» une grande satisfaction au milieu de
» ces austérités, et lorsque je m'aperçus
» que les peuples venaient à ma colonne,
» je me mis à leur prêcher que Diane
» n'était rien, que le culte que l'on ren-
» dait à ces fausses divinités était impie,
» que les cantiques que l'on chantait
» dans les festins (1) blessaient la ma-
» jesté du vrai Dieu, que le maître du
» ciel et de la terre, seul objet digne de
» nos louanges, méritait que toutes les
» créatures lui rendissent leurs hom-
» mages. Mes paroles ne restèrent pas
» sans effet, car, comme je priais le
» Dieu de toute miséricorde d'éclairer
» ce peuple ignorant et de dissiper ses
» ténèbres par les lumières de la foi, le

---

(1) Ces festins n'étaient que de dégoûtantes orgies où on chantait les chansons les plus dissolues et où on s'abandonnait à l'ivresse et à la volupté.

» Seigneur m'exauça et le peuple se
» convertit.

» Alors j'appelai les plus fervents
» d'entre eux pour m'aider à renverser
» le colosse de Diane. J'avais déjà eu le
» soin de briser les petites médailles
» gravées sur la base et sur les côtés ;
» mais il m'avait été impossible de ren-
» verser la statue, et j'espérais en venir
» à bout avec du secours. Nous prîmes
» des cordes et nous tirâmes de toutes
» nos forces : voyant que nos efforts
» étaient inutiles, je courus à l'église et
» je m'y prosternai la face contre terre,
» conjurant le Seigneur de vouloir bien
» détruire par sa toute-puissance ce
» que les forces humaines ne pouvaient
» abattre.

» Après ma prière je vins rejoindre
» mes ouvriers, et au premier coup
» l'idole tomba par terre. Je la réduisis
» en poudre à grands coups de marteau ;
» mais peu de temps après je trouvai
» mon corps, depuis les pieds jusqu'à
» la tête, couvert de pustules dange-
» reuses. Aussitôt j'entrai dans l'église,
» je me frottai avec de l'huile que j'avais

» apportée du tombeau de saint Martin ;
» je m'endormis, et à mon réveil je me
» trouvai entièrement guéri. Je recon-
» nus que le démon m'avait frappé de
» cette plaie pour se venger de la des-
» truction de la statue de Diane.

» Lorsque j'eus la consolation de voir
» ces restes du paganisme abolis, je re-
» montai sur ma colonne pour y con-
» tinuer ma solitude ; mais il ne me fut
» pas permis d'y rester longtemps : les
» évêques (1) vinrent m'y visiter et me
» dirent : La voie que vous suivez n'est
» pas bonne, vous n'êtes pas comparable
» à Simon d'Antioche, qui a vécu sur
» une colonne, et il vous est impossible
» de mener une vie si austère à cause
» de la rigueur du climat ; descendez
» donc au plus tôt, et demeurez avec
» vos frères que vous avez rassemblés
» ici.

» Je descendis, parce que c'est un
» crime de ne point obéir aux prêtres
» du Seigneur. Je me promenai et je

---

(1) L'archevêque de Trèves avec quelques-uns de ses suffragants.

» mangeai avec eux. Un jour que l'é-
» vêque me conduisit à un village, il
» envoya, pendant mon absence, des
» ouvriers avec des haches (1) et d'autres
» instruments, qui renversèrent ma
» colonne. Le lendemain, je trouvai
» tout détruit et je me suis mis à pleu-
» rer; mais je ne pouvais réparer ce
» qui était abattu, dans la crainte d'être
» noté de désobéissance. Depuis ce
» temps, j'ai quitté ma solitude et je
» demeure avec mes frères dans ce mo-
» nastère. »

Outre les miracles dont il vient d'être parlé, Grégoire de Tours en rapporte plusieurs autres qui se sont opérés dans l'église du monastère, à la prière de saint Walfroy; nous n'en ferons connaître ici que quelques-uns.

« Un jeune homme sourd et muet, d'une famille distinguée, fut présenté à saint Walfroy, qui le plaça dans son église, sur un lit, afin qu'il pût y rester le jour et la nuit. Saint Walfroy se mit

---

(1) Le genre d'outils qu'il fallut pour détruire cette colonne fait présumer qu'elle était construite en bois.

aussitôt en prière et demanda au Seigneur de rendre à ce jeune homme la parole et l'ouïe. La nuit suivante, saint Walfroy vit en songe saint Martin, qui lui assura que sa prière était exaucée, et que le malade était parfaitement guéri. En effet, saint Walfroy était à peine délivré des préoccupations de ce songe, qu'il vit ce jeune homme entrer chez lui, et lui donner une preuve évidente de sa guérison en lui adressant la parole, et en remerciant à haute voix le Seigneur de la faveur insigne qui venait de lui être accordée. »

« Un homme fut accusé d'avoir volé; il s'était effectivement rendu coupable de cette faute; mais il ne voulait pas en convenir. J'irai à l'église de Saint-Martin, dit-il, et je me purgerai par serment de cette inculpation calomnieuse, et on connaîtra mon innocence. Il voulut entrer dans l'église pour consommer son imposture; mais Dieu ne le permit pas : une main le frappa et le terrassa. Il n'en fallut pas davantage pour le faire rentrer en lui-même, et exciter dans son cœur un vif repentir qui le contraignit d'avouer sa faute et le dessein impie qu'il avait conçu d'en imposer au public par un parjure. »

« Un autre qui avait brûlé la maison de son voisin, mais qui le niait, alla à l'église de Saint-Martin pour assurer, sous la foi du serment, qu'il n'était pas l'auteur de l'incendie ; mais saint Walfroy lui en refusa l'entrée en lui disant que, s'il était coupable du crime dont on l'accusait, il pourrait peut-être par son serment tromper les hommes, mais qu'il ne serait pas justifié devant Dieu, et que son parjure serait probablement suivi d'une éclatante punition. « D'ail-
» leurs, lui dit-il, vous êtes en présence
» du temple du Seigneur, si vous n'êtes
» pas coupable, jurez, vous le pouvez. »
Ce discours du saint, qui aurait dû faire trembler cet impie, ne servit qu'à le rendre plus audacieux : il lève la main et jure par la toute-puissance de Dieu et par la vertu de saint Martin qu'il est innocent du crime dont on l'accuse. A l'instant même il est environné de flammes qui le réduisent en cendres et qui lui font pousser des cris

affreux. Saint Walfroy vit le feu du ciel tomber sur cet imposteur.

» Ces punitions réitérées intimidèrent les habitants des environs à un tel point qu'on n'entendit plus parler de parjure. »

Ici se termine le récit de saint Grégoire de Tours. Ce que l'on va rapporter sur la mort de saint Walfroy et sur la translation de ses reliques, on l'a puisé dans la vie de saint Magneric, écrite par Ebervin, abbé de Saint-Martin de Trèves, qui florissait au dixième siècle.

Il est probable que saint Walfroy a été doyen de la chrétienté d'Ivois, les légendes du diocèse de Trèves, l'auteur de la vie de saint Magneric le désignent comme tel : l'ancienne oraison que les pèlerins récitaient en son honneur lui donnent cette qualité. Si les auteurs qui en ont parlé jusqu'ici ne l'ont désigné que comme simple diacre, c'est qu'ils s'en sont tenus à ce qu'en a écrit Grégoire de Tours, qui n'a pu en rien dire de plus, parce que saint Walfroy n'était en effet que diacre, lorsque ce prélat le rencontra à Ivois et alla le visiter dans son monastère.

Les fonctions d'un doyen de la chrétienté consistaient alors dans l'inspection d'un certain nombre de paroisses, à administrer le baptême solennellement les veilles de Pâques et de la Pentecôte, à visiter les églises et à rendre compte à l'évêque diocésain de leur situation.

On est peut-être surpris de voir un moine tel que saint Walfroy revêtu de ce titre; mais si dans ce siècle on tirait assez communément les évêques des monastères, à plus forte raison a-t-on pu y prendre des doyens de la chrétienté. Il ne convenait à personne mieux qu'à saint Walfroy de remplir ce poste; le grand nombre d'infidèles qu'il avait convertis à la foi prouvait qu'il était plus en état que tout autre d'instruire les catéchumènes et de juger de leurs dispositions. Si saint Walfroy fut le doyen de la chrétienté d'Ivois, il fut probablement aussi prêtre et curé de cette ville, d'autant plus qu'autrefois l'office du doyen de la chrétienté ne se séparait pas de celui de curé du lieu où était le baptistère.

Au reste, il se trouvait au milieu de ses frères, qu'il édifiait par l'exemple de ses vertus, quand il termina sa carrière. On ne connaît pas l'époque précise de sa mort; les uns la mettent en 595, d'autres la reculent jusqu'en 600, mais tous sont d'accord que Dieu l'appela à lui dans un âge très-avancé, le 21 octobre, pour jouir de sa présence et pour être auprès de lui le protecteur des affligés. Il fut enterré dans l'église qu'il avait fait bâtir. Il s'est opéré depuis à son tombeau un grand nombre de miracles. Dieu se plaît encore à faire éclater la gloire de son serviteur en comblant de ses grâces ceux qui l'invoquent.

Les guerres qui, au dixième siècle, sont survenues entre les rois de France et les empereurs d'Allemagne, notamment entre Lothaire et Othon II, désolèrent la partie méridionale du diocèse de Trèves. La montagne de Saint-Walfroy et les lieux circonvoisins en furent souvent le théâtre; l'église et le monastère devinrent la proie des flammes, et les religieux qui y demeuraient furent obligés de s'éloigner et de chercher un asile ailleurs. Depuis cette époque il ne s'est pas relevé ; il n'en reste plus qu'une chapelle, qui va être réparée, dans laquelle on montre encore aujourd'hui l'endroit où il a été enterré. Des débris de ce monastère, on a formé un ermitage qui, comme tous les autres établissements religieux, en France, fut supprimé à l'époque de la Révolution.

On avait lieu de craindre que les reliques et la châsse qui les contenait n'eussent été consumées dans l'incendie ; mais les choses ayant été examinées de plus près, il se trouva que par un prodige étonnant le feu ne les avait point atteintes, selon cette parole du prophète-roi : *Le Seigneur garde lui-même les os des saints ; aucun d'eux ne sera brisé.* C'est ainsi que Daniel et ses compagnons, qui avaient été jetés dans une fournaise ardente, pour n'avoir pas voulu adorer la statue d'un roi de Babylone, en sortirent miraculeusement sans que le feu leur eût fait le moindre mal.

Ce miracle porta la joie dans le cœur des chrétiens, mais on n'en pensa pas moins à mettre ces précieuses reliques à l'abri de semblables dangers. Egbert, archevêque de Trèves, en fut si vivement touché qu'il prit la résolution de les transférer dans la ville d'Ivois, aujourd'hui Carignan, qui était alors la seule forteresse qui existât dans le pays, et voulut présider lui-même à cette translation.

La cérémonie eut lieu le 7 juillet 998. Une foule incroyable de peuple, et tout le clergé d'Ivois-Carignan et des environs se rendirent sur la montagne pour y assister.

On enleva la châsse avec le corps qu'elle renfermait, et l'archevêque, avec tout son cortége, se mit en marche pour se rendre processionnellement à Ivois-Carignan. Dieu, ne cessant pas de faire éclater la gloire de son serviteur, illustra cette translation d'un nouveau miracle non moins étonnant que celui qui préserva son corps de l'action du feu. Pendant toute la procession il tomba une pluie abondante qui mouilla tous les assistants, mais qui n'atteignit point la châsse, l'eau respectant à son tour ce que les flammes avaient épargné. C'est l'abbé Ebervin, présent à cette cérémonie, qui fournit tous les détails que l'on donne ici (1).

L'archevêque avec la procession étant arrivé à Ivois-Carignan, fit déposer la châsse de saint Walfroy dans l'église paroissiale de cette ville, qui, depuis cette époque, a toujours joui de ce dépôt. Mais la ville d'Ivois-Carignan ayant été saccagée plusieurs fois dans les différents siéges qu'elle a essuyés, et surtout dans le dernier, qui eut lieu en 1639, on ne sait plus au juste en quel endroit de l'église reposent ces reliques ; mais il est constant qu'elles y sont encore, et qu'il n'a jamais été question de les transférer ailleurs.

En 1826, on fit des recherches où la tradition populaire indiquait qu'elles

---

(1) Ces détails se trouvent dans la *Vie de saint Magneric*, par Ebervin.

étaient enfouies depuis la réédification de l'église : on a effectivement trouvé, sous le massif d'un autel, des os noircis qui pourraient bien être ceux de saint Walfroy ; mais ces os, si toutefois ils sont ceux du saint, ayant été confondus avec d'autres, et ne pouvant plus, pour cette raison, être exposés à la vénération publique, auront probablement été déposés sous cet autel comme dans l'endroit le plus convenable. On a laissé ces os dans l'état où on les a trouvés sous l'autel en question, et on n'a pas jugé à propos de se livrer à de nouvelles investigations.

On voit encore aujourd'hui dans l'église de Carignan, sur l'autel d'une chapelle collatérale, une statue de saint Walfroy fort ancienne. C'est devant cette statue que les pèlerins viennent invoquer l'assistance du saint pour toutes sortes d'afflictions et d'infirmités, et notamment pour la goutte et les rhumatismes.

On doit dire à la gloire du saint, que tous ceux qui ont recours à son intercession avec les dispositions requises, en reçoivent les uns du soulagement dans leurs douleurs et dans leurs infirmités, les autres une parfaite guérison de leurs maladies. Au surplus le recours constant et non interrompu que les fidèles ont eu à son intercession, depuis plus de douze cents ans, est un témoignage non équivoque de son crédit auprès de Dieu. On voit tous les jours des personnes qui en ressentent les effets salutaires en visitant son tombeau sur la montagne et l'église de Carignan, qui est en possession de ses reliques.

MANIÈRE DE FAIRE LE PÈLERINAGE DE SAINT WALFROY.

Quoique le pèlerinage soit un acte de religion approuvé par l'Eglise, glorieux à Dieu, agréable aux saints et salutaire pour ceux qui le font, il n'est cependant pas de précepte, mais seulement de conseil, de sorte que ceux qui, en le faisant, omettent des devoirs essentiels comme la sanctification des dimanches et fêtes, l'assistance à la messe en ces saints jours; ceux qui n'ont d'autre but que de faire un voyage d'agrément et donnent du scandale dans les endroits où ils passent; ceux-là, loin de retirer quelques fruits de leur démarche, commettent des péchés qui attirent sur eux la malédiction de Dieu et des saints.

Les pèlerins qui veulent retirer du pèlerinage de saint Walfroy, comme de tout autre saint, les avantages qu'ils en attendent, doivent s'y préparer par la réception des sacrements de pénitence et d'eucharistie, demander à Dieu la grâce de le faire saintement, donner partout où ils passent l'exemple de la modestie et de la frugalité, et éviter les conversations profanes et les médisances.

Arrivés au terme de leur pèlerinage, ils doivent se rendre dans l'église pour y adorer Dieu, invoquer le saint qui y est honoré, s'approcher des sacrements, s'ils ne l'ont pas fait avant de partir, et y faire leur offrande.

Ils doivent ensuite retourner dans leurs paroisses avec le même recueillement, remercier le Seigneur des grâces qu'ils ont obtenues, lui demander pardon des fautes qu'ils ont commises, commencer une vie nouvelle et persévérer jusqu'à la fin.

Ceux qui mendient en faisant le pèlerinage de saint Walfroy doivent, à moins qu'ils ne soient véritablement indigents eux-mêmes, faire des aumônes de tout ce qu'ils ont obtenu par cette voie.

ORAISON A SAINT WALFROY.

Grand saint Walfroy, animé du désir de vous sanctifier et de procurer le salut des âmes, vous avez quitté le monde et vous êtes retiré sur une colonne placée sur une haute montagne. Pendant que votre corps avait à souffrir toutes les tortures de cette étroite habitation et du froid excessif qui s'y faisait sentir en hiver, votre âme, embrasée du feu divin, s'élevait avec joie vers le Ciel et trouvait son bonheur à converser avec son Dieu.

Du haut de cette colonne, vous annonciez les grandes vérités de la religion chrétienne aux païens qui se rendaient sur cette montagne pour y adorer leurs idoles. Combien d'âmes n'avez-vous pas arrachées à la puissance du démon et gagnées à Jésus-Christ! Vos paroles avaient d'autant plus de pouvoir pour convertir les cœurs qu'elles étaient appuyées par des miracles. Avec quelle attention et quel respect n'étiez-vous pas écouté! On vous regardait avec raison comme un prodige de pénitence ; on ne se séparait jamais de vous sans être fervent chrétien ou sans avoir intention de le devenir.

O bienheureux saint Walfroy ! par votre sainteté, vous avez acquis auprès du Tout-Puissant un grand crédit; ceux qui vous invoquent en ressentent chaque jour les heureux effets : c'est à votre puissante intercession qu'ils attribuent la guérison de leurs infirmités corporelles et même spirituelles. C'est aussi avec une pleine confiance que j'ai aujourd'hui recours à vous et que je vous prends pour mon protecteur auprès de Dieu. Offrez-lui mes souffrances avec les vôtres ; suppliez-le de m'en délivrer ou de me donner la force de les supporter patiemment et de les rendre profitables pour mon salut.

Grand ami de Dieu ! ne m'abandonnez pas parce que je suis pécheur, je n'en suis que plus digne de compassion. Priez le Dieu des miséricordes de m'accorder les grâces dont j'ai besoin pour me rétablir dans son saint amour et pour y persévérer, afin qu'au sortir de ce monde je puisse le glorifier avec vous et jouir comme vous du bonheur éternel.

Ainsi soit-il.

Cinq Pater *et cinq* Ave *en l'honneur des cinq plaies de Notre Seigneur Jésus-Christ.*

CANTIQUE

EN L'HONNEUR DE SAINT WALFROY.

Air :

Sortez de votre indifférence,
Lâches pécheurs, chrétiens sans foi !
Un prodige de pénitence
Vous est offert dans saint Walfroy.
Jaloux de ressembler, de plaire
Au Dieu qui pour nous s'immola,
Souffrant sur un nouveau calvaire,
A son culte il nous appela.

On le vit sur une colonne,
Bravant les froids et les chaleurs,
L'orage et la foudre qui tonne,
Supporter en paix ses douleurs ;

On le vit, pieux solitaire,
Endurer la soif et la faim,
Se contenter sur cette terre,
D'un peu d'eau, de fruits et de pain.

C'en est fait de votre puissance,
Prêtres insensés des faux Dieux !
De Walfroy la haute science
A la foi convertit ces lieux.
Il flétrit tout culte profane :
Et Dieu secondant ses desseins,
La grande idole de Diane
Tombe et fait place au Saint des Saints.

O Walfroy, quelle est ta gloire !
Quel beau triomphe pour la Croix !
L'enfer se trouble à ta victoire,
Et ses oracles sont sans voix.
Ta demeure est une piscine
Où la foi console et guérit,
Et, grâce à la bonté divine,
Nul n'implore en vain ton crédit.

Au séjour du bonheur suprême
Que tes vertus t'ont mérité,
Tu t'enivres avec Dieu même
D'une ineffable volupté.
Du pur amour la douce flamme
Te rend notre zélé patron,

Et du corps et de l'âme
Tu nous obtiens la guérison.

    Grand saint deviens notre modèle
Dans le service du Seigneur !
Que notre âme lui soit fidèle,
Qu'il règne seul dans notre cœur,
Qu'il nous inspire ton courage,
Au milieu des plus durs travaux.
Plus de biens seront le partage
De ceux qui souffrent plus de maux.

    De notre profonde misère
O bon saint Walfroy, soit touché !
Accueille notre humble prière :
Préserve-nous de tout péché.
Fais-nous aimer la pénitence,
Fais-nous craindre le Dieu vengeur,
Et remplis-nous de l'espérance
D'être avec toi dans sa splendeur.

NOTICE
SUR SAINT GÉRY

NÉ A IVOIS-CARIGNAN.

Saint Géry est né à Ivois, aujourd'hui Carignan, vers l'an 540. Ses parents remarquant en lui des sentiments religieux au-dessus de son âge, le consacrèrent au Seigneur. Aussitôt que ses forces lui permirent d'assister à l'office, il y parut avec un air si recueilli qu'on le prenait pour un ange. Le temps qu'il n'employait pas à la prière, il le donnait à l'étude des Saintes Ecritures. Il ne prenait de nourriture qu'après le coucher du soleil, et retranchait toujours quelque chose de ses repas pour le donner aux pauvres. Il faisait l'édification des grands au milieu desquels il était obligé de paraître quelquefois. Il s'ouvrait avec bonté à ceux qui méritaient sa confiance; mais il était très-réservé avec ceux qui en étaient indignes; il était modeste avec ses inférieurs et humble avec ses égaux.

Il reçut le diaconat des mains de saint Magneric, archevêque de Trèves. En sa qualité de diacre il s'appliqua à extirper les restes du paganisme, qui existaient encore dans le pays : il put en cela être coadjuteur de saint Walfroy, qui vivait dans le même temps et qui venait souvent à Ivois. Son zèle lui attira une persécution violente, dont le résultat fut son expulsion de sa ville natale. La patience héroïque avec laquelle il supporta cette persécution releva tellement l'éclat de ses vertus, que le peuple de Cambrai et celui d'Arras le demandèrent d'un commun accord pour remplacer Vidulfe, leur évêque, qui venait de mourir. C'est ce que leur accorda volontiers Childebert, roi d'Austrasie ; il fut sacré par Gilles, archevêque de Reims, son métropolitain, en 580.

Son entrée à Cambrai fut signalée par un miracle, dont la foule qui l'accompagnait fut témoin : des prisonniers dont on ne voulait pas lui accorder la délivrance, virent tomber miraculeusement leurs chaînes et se trouvèrent avant lui à l'église où il se rendait.

Il acheta un terrain, appelé la Montagne-des-Bœufs, à cause d'un temple païen qui existait en cet endroit où on immolait de ces animaux. Il fit démolir ce temple, et sur ses ruines il fit construire une église qu'il dédia à saint Médard et à saint Loup. Il fit creuser son tombeau dans cette église afin de ne pas perdre de vue la pensée de la mort. Sentant sa fin approcher, il distribua une partie de ses biens aux pauvres et employa l'autre à fonder de pieux établissements. Il n'oublia pas les habitants d'Ivois, ses compatriotes ; il fit une fondation en vertu de laquelle ceux d'entre eux qui passaient par Cambrai y recevaient l'hospitalité pendant plusieurs jours et une certaine quantité de pain et d'argent pour continuer leur route. Cette fondation exista jusqu'en 1790. Après avoir passé trente-neuf ans dans les pénibles travaux de l'épiscopat, qui, comme sa vie fut un enchaînement de prodiges et de vertus, il mourut dans le Seigneur, muni des derniers sacrements, le 11 août 619. On déposa son corps dans le tombeau qu'il avait fait creuser. Il s'y fit un grand nombre de miracles. On cite surtout un nommé Valter qui, ayant un œil qui lui sortait de la tête et qui pendait sur son visage, se fit transporter auprès du tombeau du saint; à l'instant même son œil reprit sa place et fut guéri. En reconnaissance de ce bienfait, Valter établit de concert avec l'évêque, une confrérie en l'honneur de saint Géry, à laquelle les souverains pontifes attachèrent plusieurs indulgences. Le chapitre d'Ivois y fut agrégé et reçut en signe de cette alliance la jointure d'une main du saint, qui fut placée dans la collégiale. Mais cette église ayant été détruite par les troupes de Louis XIII, cette relique fut perdue au milieu des décombres. Le chapitre renouvela depuis cette confraternité et reçut pour gage une nouvelle relique, qui est une partie de la mâchoire du saint. Cette relique est encore exposée dans l'église de Carignan à la vénération des fidèles.

La plupart des pèlerins qui viennent honorer saint Walfroy dans cette église ne manquent pas aussi de réclamer la protection de saint Géry.

Saint Géry eut deux frères qui sont honorés comme saints, saint Landon et saint Taurin.

ORAISON A SAINT GÉRY

O bienheureux saint Géry, Dieu m'a révélé, par le don des miracles dont il vous a favorisé pendant votre vie et après votre mort, que vous jouissiez auprès de lui d'un grand pouvoir ; je vous prie de vous servir de ce pouvoir pour m'obtenir de sa miséricorde une foi ferme, une confiance entière dans ses bontés, un amour ardent pour lui et une véritable charité pour le prochain. Faites que je recouvre la grâce que j'ai perdue par le péché, que rien désormais ne puisse me séparer de l'amitié de mon Dieu et que ma vie soit pleine de bonnes œuvres comme la vôtre. Priez le Seigneur de m'accorder une bonne mort et la grâce de jouir avec vous dans le ciel d'une gloire et d'une félicité éternelles.

Ainsi soit-il.

Le 31 juillet 1845, Monseigneur l'archevêque de Reims a accordé à perpétuité une indulgence de quarante jours à quiconque récitera un *Pater* et un *Ave* devant la statue de saint Walfroy, qui se trouve dans une chapelle de l'église de Carignan.

La chapelle de saint Walfroy, placée sur la montagne, fut vendue en 1793 comme plusieurs autres édifices religieux de cette époque ; elle devint la propriété d'un laïque qui la laissa tomber en ruines et qui l'exploitait comme une ferme, en s'emparant de toutes les offrandes des pèlerins et les employant à son usage particulier. Son Eminence le Cardinal Gousset, archevêque de Reims, voyait depuis longtemps avec une peine infinie cette profanation des choses saintes ; et aussitôt qu'il le put, il en fit l'acquisition au nom du diocèse. Près du chœur de la chapelle il fit construire un bâtiment convenable pour loger le prieur qui est chargé de la desservir, et les prêtres qui plus tard lui seront adjoints pour l'aider dans ses fonctions. La maison qu'occupait le prieur avant la construction du nouveau bâtiment servira d'hôtellerie pour recevoir les pèlerins.

A l'ancienne chapelle qui tombait en ruines, on en a substitué une plus grande et plus digne du Dieu qu'on y adore, et du saint qu'on y vénère. Les principaux travaux sont terminés. On s'occupe de l'ornementation : on y place quelques belles statues des saints avec lesquels saint Walfroy a eu des relations, comme saint Magneric, archevêque de Trèves, et saint Grégoire de Tours. Mais pour arriver à l'achèvement complet de l'édifice, il faut encore faire quelques dépenses. Pour atteindre ce but, on compte toujours sur la piété et la générosité des pèlerins, et de tous ceux qui se mettent sous la protection de saint Walfroy.

Autrefois on célébrait la fête de ce saint le 7 juillet, jour de la translation de ses reliques à Carignan ; aujourd'hui, d'après l'ordre de Son Eminence le Cardinal Archevêque de Reims, on la célèbre sur la montagne comme dans tout le diocèse, le 21 octobre, jour de sa mort.

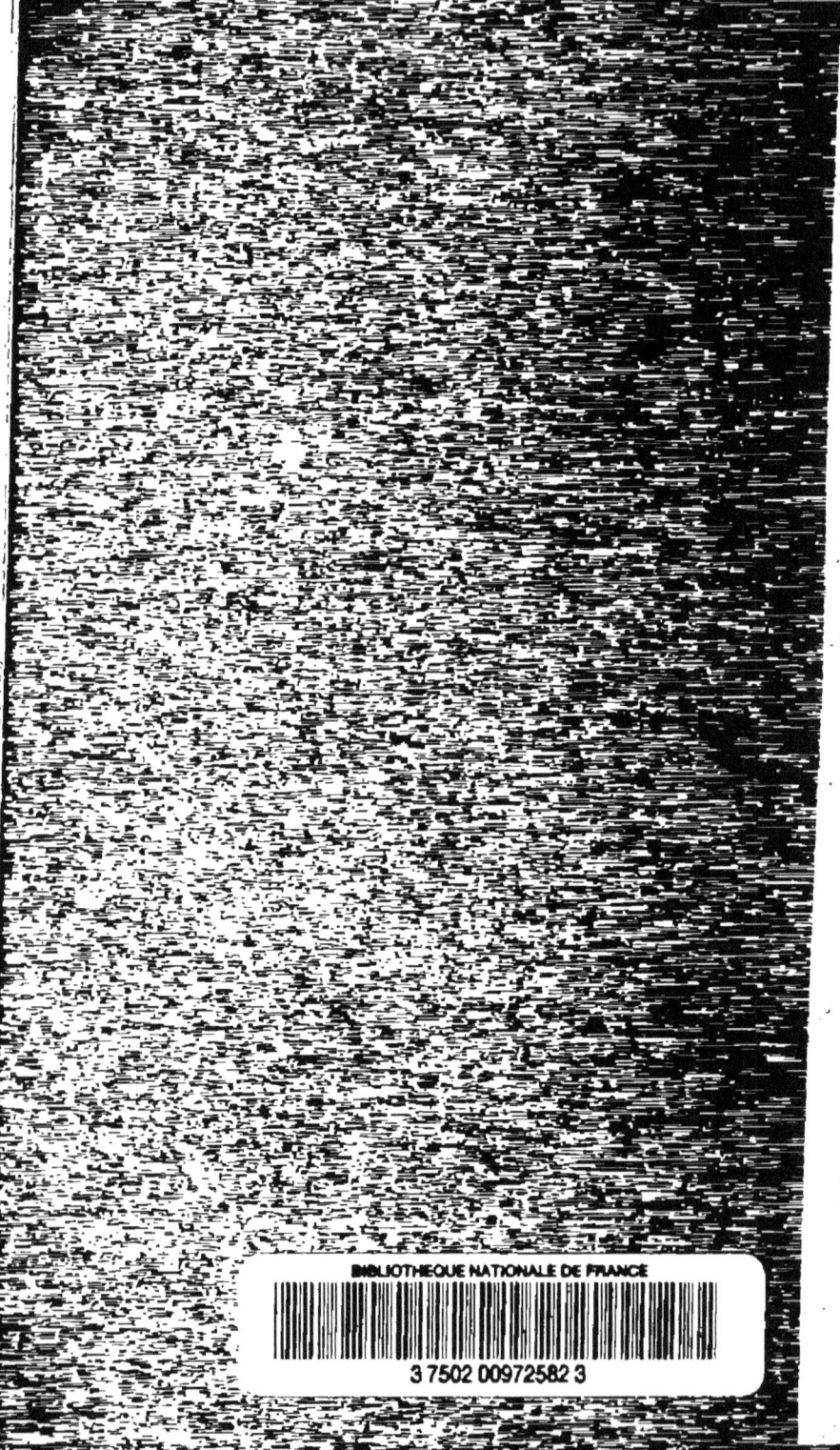

www.ingramcontent.com/pod-product-compliance
Lightning Source LLC
Chambersburg PA
CBHW061002050426
42453CB00009B/1228